# हिंदी अपठित गद्यांश



सुमन कोहली

Made with ❤ on the Notion Press Platform

www.notionpress.com

# विषय-सूची

To update the Table of Contents, please right-click the field and choose 'Update Field' and 'Update Entire Table.' When you update the Contents field, the fonts would automatically change to the default 'Calibri' setting given by Word. You can manually select the text and change the font to 'Gandhi serif.' Please delete these instructions once you update the Table of Contents. For more details, please go through the Reference Guide.

# प्रस्तावना

हिंदी भाषा को सही तरह से समझने के लिए 'अपठित गद्यांश' का अभ्यास करना बहुत ज़रूरी है। अक्सर परीक्षाओं में विद्यार्थी नए अनुच्छेदों को पढ़कर उनके उत्तर देने में घबरा जाते हैं। इस वर्क बुक का मुख्य उद्देश्य विद्यार्थियों की इसी घबराहट को दूर करना और उनकी समझने की शक्ति को बढ़ाना है।

इस किताब को तैयार करते समय हमने कुछ खास बातों का ध्यान रखा है:

- **आसान भाषा:** सभी गद्यांश सरल और स्पष्ट भाषा में हैं ताकि विद्यार्थी उन्हें आसानी से समझ सकें।
- **रोचक विषय:** इसमें विज्ञान, खेल, कहानियाँ और हमारे पर्यावरण से जुड़ी कई दिलचस्प बातें शामिल की गई हैं।
- **बेहतर अभ्यास:** हर गद्यांश के बाद ऐसे प्रश्न दिए गए हैं जो परीक्षाओं में बार-बार पूछे जाते हैं।
- **नया शब्द-ज्ञान:** मुश्किल शब्दों के अर्थ भी साथ में दिए गए हैं, ताकि बच्चों की शब्दावली बढ़ सके।

यह वर्क बुक न केवल स्कूल की परीक्षाओं के लिए, बल्कि किसी भी प्रतियोगी परीक्षा की तैयारी के लिए एक मददगार साथी साबित होगी। हमें उम्मीद है कि इस किताब के माध्यम से विद्यार्थी हिंदी पढ़ना और समझना और भी बेहतर तरीके से सीख पाएंगे।

आपके सुझावों का हमेशा स्वागत है।

संपादिका सुमन कोहली

17/05/2026

# भूमिका

हिंदी भाषा में दक्षता प्राप्त करने के लिए केवल व्याकरण का ज्ञान ही पर्याप्त नहीं है, बल्कि अपठित गद्यांश के माध्यम से अपनी समझ और तार्किक शक्ति को विकसित करना भी अनिवार्य है। यह वर्क बुक विद्यार्थियों को इस कला में निपुण बनाने के उद्देश्य से तैयार की गई है, ताकि वे किसी भी अनजाने अनुच्छेद को पढ़कर उसके गूढ़ भावों को सरलता से आत्मसात कर सकें।

इस पुस्तक में विभिन्न स्तरों और विषयों के गद्यांशों का संकलन किया गया है, जो विद्यार्थियों की शब्दावली और विश्लेषणात्मक सोच को नई दिशा प्रदान करेंगे। प्रत्येक अभ्यास के साथ दिए गए प्रश्न न केवल परीक्षा के प्रारूप पर आधारित हैं, बल्कि वे पाठकों को गहरे चिंतन के लिए भी प्रेरित करते हैं।

विद्यार्थियों के लिए यह परामर्श है कि वे प्रत्येक गद्यांश को कम से कम दो बार धैर्यपूर्वक पढ़ें और मुख्य बिंदुओं को रेखांकित करें। निरंतर अभ्यास और सही दृष्टिकोण के माध्यम से हिंदी भाषा पर पकड़ बनाना न केवल संभव है, बल्कि अत्यंत आनंददायक भी है। हमें विश्वास है कि यह मार्गदर्शिका आपकी शैक्षणिक यात्रा में एक महत्वपूर्ण मील का पत्थर साबित होगी।

# अपठित गद्यांश – 1

प्रदूषण का अर्थ है – वातावरण का दूषित होना। आज हमारा वातावरण दूषित होता जा रहा है जिसके कई कारण हैं- उनमें से एक कारण बढ़ती जनसंख्या है। आज भारत की जनसंख्या बढ़ती जा रही है। बढ़ती जनसंख्या के कारण बेरोज़गारी बढ़ती जा रही है। जिसके कारण लोग गाँव से शहर की ओर  बढ़ रहे हैं। बढ़ती जनसंख्या के कारण कई तरह के प्रदूषण फैल रहे हैं जैसे जल प्रदूषण, वायु प्रदूषण, ध्वनि प्रदूषण आदि। बड़े शहरों में स्वस्थ हवा में साँस नहीं ले सकते हैं। लोगों को सड़कों पर चलते समय वाहनों का काला धूआँ साँस के साथ अपने अंदर लेना पड़ता है। भीड़ अधिक होने के कारण जगह–जगह कूड़े के ढेर लगे होते हैं। कारखाने का कचरा पानी में डाल दिया जाता है जिससे जल दूषित हो रहा है। ध्वनि प्रदूषण बढ़ता जा रहा है। कई तरह की बीमारियाँ फैल रही हैं जैसे साँस की बीमारी,पेट की बीमारी, बहरापन, तनाव आदि। यदि आज भी इस प्रदूषण के खिलाफ़ हम जागरुक नहीं हुए तो वह समय दूर नहीं जब हमारी धरती का नाश हो जाएगा।

# प्रश्न उत्तर

1. प्रदूषण का क्या अर्थ है ?

2. बढ़ती जनसंख्या के कारण क्या बढ़ रहा है ?

3. लोग गाँवों से शहरों की ओर क्यों भाग रहे हैं ?

4. बढ़ते प्रदूषण के कारण कौन-कौन सी बीमारियाँ बढ़ रही हैं?

______________________________________________

______________________________________________

______________________________________________

5. 'रोज़गार' शब्द का विपरीत शब्द बताइए –

______________________________________________

6. 'बीमारी' शब्द का बहुवचन लिखिए –

______________________________________________

7. दिए गए शब्दों के वाक्य बनाइए –

क) प्रदूषण – ______________________________

ख) जागरूक – ______________________________

# अपठित गद्यांश – 2

अनुशासन का अर्थ है-नियमों का पालन करना। जो छात्र नियमों का पालन करते हैं, उन्हें सफलता अवश्य प्राप्त होती है। इसके विपरीत जो छात्र अनुशासन का पालन नहीं करते, वे जीवन में कभी सफल नहीं हो पाते। छात्रों को अनुशासन की सीख प्रकृति से लेनी चाहिए। उदाहरण के लिए– सूरज का समय पर उदय और अस्त होना, नदियों का लगातार बहते रहना, पेड़ों का सभी को एक जैसी छाया देना आदि। हमारी धरती पर भी ऐसे-ऐसे महान पुरुष हुए हैं जिन्होंने अनुशासन का पालन किया और वे सफल भी हुए। महात्मा गाँधी,अब्दुल कलाम, मदर टेरेसा आदि ऐसे ही साधारण लोग थे जिन्होंने अनुशासन का पालन किया और आज असाधारण बन गए। अतः छात्रों को भी ऐसे लोगों से सीख लेनी चाहिए और अनुशासन का पालन करते हुए आगे बढ़ना चाहिए।

**प्रश्न उत्तर**

1. अनुशासन का क्या अर्थ है?

______________________________________________

______________________________________________

______________________________________________

2. किन छात्रों को सफलता प्राप्त होती है?

3. गद्यांश के आधार पर किन साधारण लोगों ने अनुशासन का पालन करके अपने आप को असाधारण बनाया ?

4. 'असफलता' शब्द का विपरीत शब्द बताइए –

5. 'छात्र' शब्द का बहुवचन लिखिए –

___________________________________________

___________________________________________

___________________________________________

6. दिए गए शब्दों के वाक्य लिखिए –

क) अनुशासन – ___________________________________

ख) जीवन – ___________________________________

# अपठित गद्यांश-3

समय बहुत ही कीमती होता है। एक बार जो समय बीत जाता है, वह कभी वापस नहीं आता। हमें समय का आदर करना चाहिए। जो लोग समय का आदर करते हैं, वे हमेशा जीवन में सफल होते हैं। महात्मा गाँधी समय को बहुत महत्व देते थे, मोदी भी समय के महत्व को समझते हैं, इसलिए वे सफल हैं। प्रकृति भी समय का पालन करती है। सूरज सुबह समय पर उदय होता है और समय पर ही अस्त होता है। विद्यार्थियों को भी हमेशा समय तालिका बनानी चाहिए और उसको आधार बनाकर ही कार्य करना चाहिए जिससे कि वे अपने जीवन में सफल हो सकें।

## प्रश्न उत्तर

1. इस संसार में क्या कीमती होता है ?

---

---

---

2. बीता हुआ समय कब वापस आता है ?

3. हमें समय का आदर क्यों करना चाहिए ?

4. विद्यार्थी अपने जीवन में कैसे सफल हो सकते हैं ?

5. 'वह' शब्द का बहुवचन लिखिए –

________________________________________

________________________________________

________________________________________

6. दिए गए शब्दों के वाक्य बनाइए –

क) समय – ________________________________

ख) प्रकृति – ________________________________

# अपठित गद्यांश-4

आज समाचार पत्र का बहुत महत्व है। इसके बिना तो कई लोगों का दिन ही आरंभ नहीं होता। आज हम जब घर बैठे–बैठे देश–विदेश की खबरें पढ़ते हैं तो हम पूरी दुनिया का हिस्सा बन जाते हैं। लोग इसी के माध्यम से अपनी इच्छा, विरोध व्यक्त करते हैं। आज प्रचार का युग है, आज किसी को भी अपने विचार, कार्यक्रम, अपनी रचना को यदि राष्ट्रीय स्तर पर बनाना है तो समाचार पत्र उसका एक आसान माध्यम है। व्यापार बढ़ाने में, नौकरी तलाश करने के लिए समाचार पत्र एक बहुत ही अच्छा साधन है। विज्ञापनों की मदद से ये काम आसान हो गए हैं। समाचार पत्र आज मनोरंजन का साधन भी है। इनमें कहानियाँ, कविताएँ प्रकाशित होती हैं। अतः हम कह सकते हैं कि समाचार पत्रों का बहुत ही महत्व है।

## प्रश्न– उत्तर

1. समाचार पत्र का क्या महत्व है?

____________________________________________

____________________________________________

____________________________________________

2. समाचार पत्र के क्या–क्या लाभ हैं?

3. समाचार पत्र को मनोरंजन का साधन क्यों कहा जाता है?

4. 'समाचार' शब्द का पर्यायवाची शब्द लिखिए –

5. 'कहानी' शब्द का बहुवचन लिखिए –

________________________________

________________________________

________________________________

6. दिए गए शब्दों के वाक्य बनाइए –

क) समाचार पत्र – __________________________

ख) मनोरंजन – __________________________

# अपठित गद्यांश - 5

गोस्वामी तुलसीदास जी का जन्म 1532 को राजापुर गाँव में हुआ था। तुलसीदास जी के पिता का नाम आत्माराम दूबे था और माता का नाम हुलसी देवी था। लोगों के अनुसार तुलसीदास जी के जन्म लेते ही उनके मुख में दाँत दिखाई दिए और उन्होंने राम नाम बोलना शुरू कर दिया। जन्म के बाद ही इनकी माता की मृत्यु हो गई। इनके पिता ने भी इनका त्याग कर दिया। ये गली–गली भटके और

वास्तविक ज्ञान प्राप्त किया। तुलसीदास जी राम भक्ति शाखा के बहुत बड़े कवि बने। इन्होंने श्री राम जी की भक्ति की ओर अपना सम्पूर्ण जीवन समर्पित कर दिया। 'रामचरित्रमानस' इनकी प्रसिद्ध पुस्तक है।

## प्रश्न – उत्तर

1. तुलसीदास जी का जन्म कब और कहाँ हुआ ?

______________________________________________

______________________________________________

______________________________________________

2. तुलसीदास जी की माता और पिता का क्या नाम था ?

3. लोगों के अनुसार जन्म लेते ही तुलसीदास जी के मुख में क्या दिखाई दिया ?

4. इनकी प्रसिद्ध पुस्तक का क्या नाम था ?

5. तुलसीदास जी ने किसकी भक्ति की ?

# अपठित गद्यांश - 6

मेरा नाम मान्या है। मैं कक्षा आठ में पढ़ती हूँ। मेरे कई मित्र हैं उनमें से रम्या मेरी सबसे प्रिय मित्र है। उसका घर मेरे घर के पास ही है। हम दोनों एक ही स्कूल में पढ़ते हैं, एक साथ खेलते हैं, एक जैसी सोच रखते हैं, एक दूसरे के दुःख में दुखी हो जाते हैं। मेरी मित्र स्वार्थ की भावना से दूर है। वह बहुत ही नम्र और शालीन लड़की है ,समय की पाबंध है। रम्या ने मुझे भी समय का महत्व समझाया। वह सदैव सत्य बोलती है। वह मेरी बहुत ही अच्छी मित्र है जो हमेशा मुझे परेशानियों से दूर रखती है। मेरी मित्र मेरे लिए ईश्वर का दिया हुआ उपहार है।

## प्रश्न– उत्तर

1. प्रस्तुत गद्यांश किसके विषय में है ?

______________________________

______________________________

______________________________

2. अच्छा मित्र किसे कहा जाता है ?

________________________________________________

________________________________________________

________________________________________________

3. मान्या की सबसे प्रिय मित्र का नाम क्या है ?

________________________________________________

________________________________________________

________________________________________________

4. रिक्त स्थान भरिए –

क) सच्चे मित्र ______________ की भावना से दूर होते हैं। ( स्वार्थ/ निःस्वार्थ )

ख) हमें अपने सच्चे मित्र पर ___________ होता है। ( गर्व / घमंड)

5. सही वाक्य पर सही और गलत वाक्य पर गलत का निशान लगाइए।

क) सच्चा मित्र कभी भी मुसीबत में काम नहीं आता।

ख) सच्चा मित्र हमेशा हमारे बारे में अच्छा ही सोचता है।

6. अपने सच्चे मित्र के विषय में दो वाक्य लिखिए।

______________________________

______________________________

______________________________

# अपठित गद्यांश - 7

स्वस्थ शरीर में स्वस्थ मस्तिष्क का निवास होता है। हम अपने जीवन का आनंद तभी उठा सकते हैं जब हमारा शरीर और मन दोनों स्वस्थ हों। खेलकूद, योग और व्यायाम से हमारा शरीर स्वस्थ रहता है। खेलकूद एक तरह का व्यायाम है जो कि स्वस्थ शरीर के लिए बहुत ज़रूरी होता है। खेलने कूदने से हमारा आलस्य और सुस्ती भी दूर हो जाता है। हममें उत्साह बना रहता है। इसका प्रभाव हमारे मन पर भी पड़ता है। हमारा दिमाग तेज़ होता है, हममें जोश बढ़ता है। जो लोग व्यायाम और योग करते हैं, वे कभी बीमार नहीं पड़ते इसलिए हमें स्वयं तो व्यायाम करना ही चाहिए और अपने बच्चों को भी इन सबके लिए प्रेरित करना चाहिएयदि हम स्वस्थ होंगे तो हम स्वस्थ समाज का निर्माण भी करेंगे।

## प्रश्न उत्तर

1. स्वस्थ शरीर में किसका निवास होता है ?

______________________________

______________________________

______________________________

2. हम अपने जीवन का आनंद कब उठा सकते हैं ?

______________________________________________

______________________________________________

______________________________________________

3. क्या करने से हमारा शरीर स्वस्थ होता है ?

______________________________________________

______________________________________________

______________________________________________

4. रिक्त स्थान भरिए –

क) खेलकूद से हमारा ---------------------- दूर हो जाता है।

ख) स्वस्थ व्यक्ति स्वस्थ -------------------- का निर्माण करता है।

5. दिए गए शब्दों के वाक्य बनाइए –

क) शरीर – ____________________

ख) व्यायाम –

____________________

6. 'अस्वस्थ' शब्द का विपरीत शब्द लिखिए –

____________________

# अपठित गद्यांश- 8

महात्मा गाँधी का पूरा नाम मोहनदास करमचंद गाँधी था। इनका जन्म गुजरात के पोरबंदर नामक स्थान में 1869 में हुआ था। इनके पिता का नाम करमचंद गाँधी था और माता का नाम पुतली भाई

था। इन्होंने लंदन में वकालत की पढ़ाई की और दक्षिण अफ्रीका में भारतीय समुदाय के लिए संघर्ष किया। महात्मा गाँधी सत्य और अहिंसा के पुजारी थे। अहिंसा के बल पर ही इन्होंने सारे भारतीयों को अंग्रेज़ों के शासन से आज़ादी दिलाई। महात्मा गाँधी का जीवन सादगीपूर्ण था और उन्होंने हमेशा खादी के कपडे पहने। वे समय के पाबंध थे और हमेशा अनुशासन का पालन करते थे। सभी भारतीय इनका आदर करते थे। यही कारण है कि यह सारे देश के लिए महात्मा बन गए। इन्हें भारतीय बापू के नाम से भी पुकारते थे।

## प्रश्न– उत्तर

1. महात्मा गाँधी का पूरा नाम क्या था ?

______________________________________________

______________________________________________

2. महात्मा गाँधी ने वकालत की पढ़ाई कहाँ की ?

________________________________________

________________________________________

3. गाँधी जी ने भारतीयों के लिए संघर्ष कहाँ से आरंभ किया ?

________________________________________

________________________________________

4. रिक्त स्थान भरिए –

क) महात्मा गाँधी सत्य और ________________ के पुजारी थे।

ख) भारतीय गाँधी जी को ________________ के नाम से पुकारते थे।

5. महात्मा गाँधी के विषय में दो वाक्य लिखिए।

________________________________________

________________________________________

________________________________________

# अपठित गद्यांश - 9

वर्षा ऋतु का इंतज़ार सभी करते हैं। वर्षा ऋतु का वह पहला दिन मैं नहीं भूल सकता, जब मैं स्कूल से घर आ रहा था। अचानक तेज़ बारिश शुरू हो गई, काले बादल छा गए, तेज़ हवाएँ चलने लगी ,पेड़ लहलहाने लगे। पक्षी तेज़ बारिश का मज़ा ले रहे थे। एक मोर बगीचे में नाचता हुआ बहुत ही सुंदर लग रहा था। मेंढक भी बारिश का आनंद ले रहे थे और अपनी ख़ुशी को वे गाकर मना रहे थे। प्रकृति बहुत ही सुंदर दिख रही है। ऐसा लग रहा था कि बारिश ने प्यासी धरती की प्यास बुझा दी है और सब लोग बहुत ही खुश हैं।

## प्रश्न उत्तर

1. किस ऋतु का इंतज़ार सभी को होता है ?

___

___

___

2. पक्षी किसका मज़ा ले रहे थे ?

______________________________

______________________________

______________________________

3. सब लोग क्यों खुश थे ?

______________________________

______________________________

______________________________

4. दिए गए शब्दों के वाक्य बनाइए –

क) प्रकृति – ______________________________

ख) मोर – ______________________________

5. वर्षा ऋतु शीर्षक पर दो वाक्य लिखिए –

______________________________

______________________________

# अपठित गद्यांश 10

पुस्तकालय शब्द दो शब्दों के जोड़ से बना है – पुस्तक और आलय यानि पुस्तकों का घर। पुस्तकालय वह स्थान है जहाँ भिन्न–,भिन्न प्रकार की पुस्तकें रखी जाती हैं। यहाँ पुस्तकें पाठकों को पढ़ने के लिए उधार में दी जाती हैं। लोग तरह– तरह की पुस्तकें यहाँ बैठकर पढ़ते हैं। यहाँ अमीर गरीब का कोई भेद नहीं होता। बच्चे,बड़े सभी यहाँ आकर पुस्तकों को पढ़ने का आनंद प्राप्त करते हैं और अपनी ज्ञान क्षमता को भी बढ़ाते हैं। एक अच्छी किताब अच्छे दोस्त के समान होती है जिस प्रकार एक अच्छा दोस्त हमेशा सही रास्ता दिखता है उसी प्रकार एक अच्छी पुस्तक भी हमारा जीवन बदलने की क्षमता रखती है।

## प्रश्न-उत्तर

1. पुस्तकालय शब्द का क्या अर्थ होता है ?

______________________________________________

______________________________________________

______________________________________________

2. पुस्तकालय में क्या रखा जाता है ?

3. अच्छी किताबें पढ़ने से क्या होता है ?

4.'किताब' शब्द का बहुवचन बताइए।

5. 'पुस्तकालय' शीर्षक पर दो पंक्तियाँ लिखिए।

# अपठित गद्यांश 11

एक छोटा लड़का था रोहन, जो प्रकृति की गोद में बसे एक सुंदर गाँव में अपने छोटे से परिवार के साथ रहता था। रोहन का मन बहुत कोमल था और उसे जानवरों से बहुत प्यार था। वह अक्सर अपने  घर के पास के लहलहाते खेतों में जाता और वहाँ चरते हुए जानवरों को बड़े ध्यान से देखता था। कभी वह गाय के बछड़ों के साथ दौड़ लगाता, तो कभी पक्षियों के मधुर कलरव को सुनकर मंत्रमुग्ध हो जाता। एक दोपहर जब रोहन पुराने बरगद के पेड़ के नीचे बैठा था, उसकी नज़र एक नन्हीं और फुर्तीली गिलहरी पर पड़ी। रोहन ने उसे अपना मित्र बनाने का निश्चय किया। उसने बड़े धैर्य के साथ कुछ मूँगफली के दाने पेड़ के पास रख दिए और चुपचाप पीछे हट गया। धीरे–धीरे गिलहरी का डर खत्म हुआ और उसने रोहन के दिए दाने खाना शुरू कर दिया। कुछ ही दिनों में उन दोनों के बीच एक अनूठी और गहरी मित्रता हो गई, जिसने रोहन को सिखाया कि प्रेम और दया से किसी का भी दिल जीता जा सकता है।

# प्रश्न-उत्तर

1. रोहन कहाँ रहता था ?

क) शहर में

ख) गाँव में

ग) जंगल में

घ) पहाड़ में

2. रोहन को क्या पसंद था ?

क) पेड़– पौधे

ख) जानवर

ग) खेल

घ) पढ़ाई

3. रोहन ने क्या देखा ?

क) एक छोटा सा कुत्ता

ख) एक छोटी सी गिलहरी

ग) एक बड़ा सा हाथी

घ) एक छोटा सा पक्षी

4. रोहन और गिलहरी के बीच क्या हुआ ?

क) लड़ाई हुई।

ख) दोस्ती हो गई।

ग) कोई बात नहीं हुई।

घ) गिलहरी भाग गई।

# अपठित गद्यांश 12

एक बार की बात है, एक छोटे से गाँव के किनारे बने सुंदर से घर में प्रिया नाम की एक प्यारी और चंचल लड़की रहती थी। वह अपने दादा–दादी के साथ रहती थी और उनसे बहुत प्रेम करती थी। प्रिया का सबसे पसंदीदा समय वह होता था जब शाम ढलते ही वह अपने दादा जी के पास बैठकर उनसे रोचक कहानियाँ सुनती थी। एक सुनहरी शाम जब चारों ओर शांति थी, दादा जी ने उसे एक नन्हे पक्षी की कहानी सुनाई। वह पक्षी अपने परिवार के साथ पुराने जंगल को छोड़कर एक नए और सुरक्षित आशियाने की तलाश में निकला था। दादा जी ने बड़े विस्तार से बताया कि कैसे उस नन्हे पक्षी ने हिम्मत नहीं हारी और अंत में एक ऊँचे पेड़ पर अपना नया घर बना लिया। प्रिया यह कहानी सुनकर बहुत प्रभावित हुई और उसकी आँखें आश्चर्य से चमकने लगीं। उसने बड़े प्यार से दादा जी का हाथ पकड़ा और उनसे ऐसी ही और कहानियाँ सुनाने का अनुरोध किया। दादा जी ने मुस्कुराते हुए वादा किया कि हर शाम उसे नई और प्रेरक कहानियाँ सुनने को मिलेंगी। उस रात प्रिया खुशी–खुशी उन पक्षियों के बारे में सोचती हुई सो गई।

# प्रश्न– उत्तर

1. प्रिया किसके साथ रहती थी ?

क) माता– पिता के साथ

ख) दादा– दादी के साथ

ग) भाई– बहन के साथ

घ) दोस्तों के साथ

2. प्रिया को क्या पसंद था ?

क) खेल– खेलना

ख) दादा– दादी की कहानियाँ सुनना

ग) पढाई करना

घ) टीवी देखना

3. दादा जी को प्रिया ने क्या सुनाया ?

क) एक कविता

ख) एक कहानी

ग) एक गाना

घ) एक नाटक

4. कहानी में क्या था?

क) एक छोटा सा जानवर

ख) एक छोटा सा पक्षी

ग) एक बड़ा सा पेड़

घ) एक छोटा सा घर

5. प्रिया ने दादी जी से क्या कहा?

क) खेल खेलने को कहा।

ख) कहानियाँ सुनने को कहा।

ग) पढ़ाई करने को कहा।

घ) टीवी देखने को कहा।

# अपठित गद्यांश 13

मनुष्य और प्रकृति के बीच प्राचीन काल से ही गहरा संबंध रहा है। प्रकृति की बहुत बड़ी देन पेड़-पौधे हमेशा से हमारे जीवन के लिए आवश्यक रहे हैं। पेड़ -पौधों का हमारे जीवन से एक बहुत ही ख़ास नाता है। पेड़-पौधों से मनुष्य को बहुत लाभ हैं। असाध्य बीमारियों का इलाज कई तरह की जड़ी बूटियों से हो जाता है। वृक्षों की लकडियाँ मकान बनाने और कारखानों में प्रयोग में लाई जाती है,वातावरण को साफ़ और शुद्ध रखने में भी वृक्ष हमारी मदद करते हैं। पेड़-पौधे ज़मीन को नम बनाते हैं तो बाढ़ को नियंत्रित भी करते हैं। विधार्थियों को भी इस दिशा में महत्वपूर्ण भूमिका निभानी है। जब वृक्ष हमें फल, फूल, छाया, गोंद, कागज़,लकड़ी तथा अन्य अनेक पदार्थ देते हैं तो हमें भी उनकी रक्षा में निरंतर तैयार रहना चाहिए। पेड़-पौधों की सुरक्षा में ही हमारी रक्षा है।

## प्रश्न-उत्तर

1. मनुष्य का किसके साथ गहरा सम्बन्ध है ?

______________________________

______________________________

2. मनुष्य को प्रकृति की सबसे बड़ी देन क्या है ?

____________________________________________

____________________________________________

3. पेड़– पौधे बाढ़ को कैसे नियंत्रित करते हैं ?

____________________________________________

____________________________________________

4. पेड़–पौधे हमें क्या–क्या देते हैं ?

____________________________________________

____________________________________________

5. वाक्य बनाइए –

क) पेड़–पौधे – __________________________________

ख) वातावरण – __________________________________

# अपठित गद्यांश 14

प्राचीन काल में मथुरा और वृंदावन की गलियों में एक अद्भुत बालक का जन्म हुआ था, जिसे प्यार से सब 'कान्हा' पुकारते थे। कान्हा का व्यक्तित्व जितना मनमोहक था, उनकी बांसुरी की कला उससे भी अधिक जादुई थी। जब भी वे अपने होठों पर बांसुरी रखते, तो उससे निकलने वाली मधुर स्वर–लहरियाँ पूरे वातावरण में मिसरी सी घोल देती थीं। उनकी बांसुरी की तान इतनी मीठी और हृदयस्पर्शी थी कि उसकी गूँज गाँव की हर गली तक पहुँचती थी।

कान्हा की मुरली की आवाज़ सुनते ही गाँव के लोग अपनी सुध–बुध खो देते थे और अपने महत्वपूर्ण काम बीच में ही छोड़कर उस संगीत की ओर खींचे चले आते थे। लोक–कथाओं के अनुसार, उस धुन में इतनी शक्ति थी कि वह कठोर पहाड़ों को भी पिघलाने का सामर्थ्य रखती थी। केवल मनुष्य ही नहीं, बल्कि पशु–पक्षी भी इस संगीत के दीवाने थे। जब कान्हा बांसुरी बजाते, तो गायें घास चरना भूल जातीं और मंत्रमुग्ध होकर उनकी ओर दौड़ी आती थीं। यहाँ तक कि वे दूध देना भी बंद कर देती थीं और शांत भाव से खड़ी होकर बस उस अलौकिक संगीत का आनंद लेती थीं। कान्हा की वह बांसुरी आज भी प्रेम और भक्ति का प्रतीक मानी जाती है।

# प्रश्न– उत्तर

1.कृष्ण की बांसुरी की धुन कहाँ सुनाई देती थी ?

क) केवल गाँव के बाहर

ख) गाँव की हर गली में

ग) केवल जंगल में

घ) केवल घर में

२. कृष्ण की बांसुरी की धुन सुनकर क्या होता था ?

क) लोग और अधिक काम करने लगते थे

ख) लोग अपने काम छोड़कर आकर्षित होते थे

ग) गायें और अधिक दूध देने लगती थी

घ) कुछ नहीं होता था

३. कृष्ण की बांसुरी की धुन में क्या शक्ति थी ?

क) वह पहाड़ों को पिघला सकती थी

ख) वह पेड़ों को उखाड़ सकती थी

ग) वह जानवरों को मार सकती थी

घ) वह कुछ नहीं कर सकती थी

४. गायें कृष्ण की बांसुरी की धुन सुनकर क्या करती थी ?

क) वे और अधिक दूध देने लगती थीं

ख) वे अपना दूध देना बंद कर देती थीं

ग) वे भागने लगती थीं

घ) वे कुछ नहीं करती थीं

५. वाक्य बनाइए–

क) आकर्षित– ________________________________

ख) बांसुरी – ________________________________

# अपठित गद्यांश 15

मुगल इतिहास के पन्नों में जलालुद्दीन मुहम्मद अकबर का नाम एक अत्यंत प्रभावशाली और दूरदर्शी शासक के रूप में दर्ज है। वे मुगल साम्राज्य के तीसरे और सबसे महान सम्राट माने जाते हैं, जिनका जन्म सन् 1542 में हुआ था। मात्र 13 वर्ष की अल्पायु में, सन् 1556 में, उन्होंने भारत के सिंहासन की जिम्मेदारी संभाली। अकबर ने न केवल युद्ध जीते, बल्कि जनता का दिल जीतने के लिए शासन व्यवस्था में कई क्रांतिकारी बदलाव किए। उनके शासनकाल की सबसे बड़ी विशेषता उनकी 'धार्मिक सहिष्णुता' की नीति थी, जिसके तहत उन्होंने सभी धर्मों का सम्मान किया और 'दीन–ए–इलाही' की स्थापना की। उन्होंने भूमि राजस्व प्रणाली में सुधार कर किसानों को राहत दी और प्रशासन को अधिक पारदर्शी बनाया। कला और स्थापत्य के प्रति उनके प्रेम का प्रतीक ' फतेहपुर सिकरी' है, जिसे उन्होंने अपनी राजधानी बनाया और वहाँ बुलंद दरवाज़ा जैसी भव्य इमारतें बनवाईं। अकबर की सबसे बड़ी उपलब्धि यह रही कि उन्होंने एक विशाल, विविधतापूर्ण और अस्थिर साम्राज्य को एक मजबूत, संगठित और स्थिर शासन प्रदान किया, जिसने सदियों तक भारत की नींव को मजबूत रखा।

## प्रश्न– उत्तर

1. अकबर का जन्म कब हुआ था ?

क) 1542 ख) 1556 ग) 1605 घ) 1627

2. अकबर ने अपनी राजधानी किसे बनाया ?

क) दिल्ली ख) आगरा ग) फतेहपुर सिकरी घ) लोधी

3. अकबर की सबसे बड़ी उपलब्धि क्या थी?

क) धार्मिक सहिष्णुता की नीति

ख) प्रशासनिक सुधार

ग) मुगल साम्राज्य को मजबूत और स्थिर शासन देना

घ) फतेहपुर सिकरी का निर्माण

4. अकबर ने किस प्रणाली में सुधार किया था?

क) भूमि राजस्व प्रणाली

ख) शिक्षा प्रणाली

ग) न्याय प्रणाली

घ) स्वास्थ्य प्रणाली

5. अकबर के शासनकाल में मुगल साम्राज्य की स्थिति क्या थी ?

क) कमज़ोर  ख) मजबूत  ग) अस्थिर  घ) अनिश्चित

# अपठित गद्यांश 16

आज़ाद भारत का संपूर्ण दायित्व आज विद्यार्थियों पर ही है। इसका कारण यह है कि आज के विद्यार्थी ही कल स्वतंत्र भारत के नागरिक होंगे। भारत की उन्नति और उत्थान विद्यार्थियों के उन्नति और उत्थान पर ही निर्भर करता है। अतः विद्यार्थियों को चाहिए कि वे अपने आने वाले जीवन का निर्माण बहुत ही सावधानी से करें। उन्हें हर क्षण अपने देश, समाज, माता-पिता को अपनी आँखों के सामने रखना चाहिए जिससे उनके जीवन से राष्ट्र को कुछ बल मिल सके। अध्यापकों को विद्यार्थियों में बचपन से ही राष्ट्रीयता की भावना को जागरूक करने का प्रयास करना चाहिए क्योंकि जिन छात्रों में राष्ट्रीयता की भावना का अभाव होता है, वे अपने राष्ट्र और समाज के लिए भार के समान हैं।

## प्रश्न- उत्तर

1. प्रस्तुत गद्यांश के लिए उपयुक्त शीर्षक लिखिए।

2. भारत की उन्नति किस पर निर्भर करती है?

3. विद्यार्थी के क्या कर्तव्य होने चाहिए ?

4. विद्यार्थी राष्ट्र और समाज के लिए कब भार बन जाते हैं ?

5. वाक्य बनाइए–

क) राष्ट्रीयता– ________________________________________

ख) विद्यार्थी – ________________________________________

# अपठित गद्यांश 17

महान मराठा साम्राज्य के संस्थापक छत्रपति शिवाजी महाराज का जन्म 19 फरवरी 1630 को पुणे के पास स्थित ऐतिहासिक शिवनेरी किले में हुआ था। उनके पिता शाहजी भोंसले एक पराक्रमी सेनापति थे, जिन्होंने दक्कन की सल्तनतों में अपनी अमिट छाप छोड़ी थी। शिवाजी महाराज के जीवन और चरित्र निर्माण में उनकी माता जीजाबाई का अभूतपूर्व योगदान रहा। वे एक अत्यंत धार्मिक, बुद्धिमती और साहसी महिला थीं, जिन्होंने बचपन से ही शिवाजी को रामायण, महाभारत और भारतीय संस्कृति के गौरव की प्रेरक कहानियाँ सुनाईं। इन संस्कारों के कारण शिवाजी में राष्ट्रप्रेम, नैतिकता और न्यायप्रियता की भावना गहराई से विकसित हुई।

बचपन से ही शिवाजी को घुड़सवारी, तलवारबाजी, युद्ध कला और कुशल राजनीति का गहन ज्ञान दिया गया। मात्र सोलह वर्ष की अल्पायु में उन्होंने तोरणा किले पर विजय प्राप्त कर स्वतंत्र मराठा साम्राज्य की मजबूत नींव रख दी थी। उन्होंने तत्कालीन शक्तिशाली मुगल शासकों और बीजापुर सल्तनत के खिलाफ कई चतुर रणनीतिक और सफल सैन्य अभियान चलाए। शिवाजी महाराज न केवल अपनी गुरिल्ला युद्ध शैली के लिए प्रसिद्ध थे, बल्कि वे एक कुशल दूरदर्शी शासक भी थे। उनकी उत्कृष्ट प्रशासनिक क्षमता, निष्पक्ष न्याय प्रणाली और महिलाओं के प्रति गहरा सम्मान उन्हें अपने समय का सबसे महान और लोकप्रिय जननायक बनाता है।

# प्रश्न– उत्तर

1. शिवाजी महाराज का जन्म कब हुआ था ?

क) 15 अगस्त 1630 ख) 19 फरवरी 1630

ग ) 26 जनवरी 1620 घ) 2 अक्टूबर 1635

2. शिवाजी के पिताजी का क्या नाम था ?

क) शाहजी भोंसले ख) संभाजी भोंसले

ग) जीजाबाई घ) बाजीराव

3. शिवाजी ने किस साम्राज्य की स्थापना की ?

क) मुगल साम्राज्य ख) मराठा साम्राज्य

ग) विजयनगर साम्राज्य घ) मौर्य साम्राज्य

4. शिवाजी की माताजी का क्या नाम था ?

क) जीजाबाई ख) ज़ोहराबाई

ग) ताराबाई घ) लक्ष्मीबाई

5. गद्यांश में से कोई दो संज्ञा शब्द चुनकर लिखिए।

क) ____________________ ख) ____________________

6. वाक्य बनाइए।

क) बचपन – ______________________________________________

ख) धर्म – ______________________________________________

# अपठित गद्यांश 18

भारत एक विशाल देश है जहाँ बहुत सारी विशाल और पवित्र नदियाँ बहती है। भारत को नदियों का देश भी कहा जाता है। गंगा, यमुना, सरस्वती, ब्रह्मपुत्र, सिंधु, नर्मदा और गोदावरी जैसी प्रमुख नदियाँ देश का मान और गौरव है। ये नदियाँ सिंचाई, पेयजल,जल-विद्युत और उद्योगों के लिए अत्यंत महत्वपूर्ण है। गंगा को भारत की सबसे पवित्रं नदी माना जाता है,जिसे लोग माँ गंगा कहते हैं। यमुना दिल्ली और उत्तर प्रदेश की प्रमुख नदी है,जबकि ब्रह्मपुत्र नदी पूर्वोत्तर भारत में बहती है। भारत सरकार ने इन नदियों के संरक्षण और प्रदूषण को रोकने के लिए कई योजनाएँ शुरू की हैं।

## प्रश्न उत्तर

1. भारत को किस नाम से पुकारा जाता है?

________________________________________

________________________________________

2. भारत की सबसे पवित्र नदी कौन– सी मानी जाती है?

________________________________________

________________________________________

3. यमुना नदी किन दो राज्यों से होकर बहती है?

________________________________________

________________________________________

________________________________________

4. भारत सरकार ने नदियों के लिए क्या योजना शुरू की?

________________________________________

________________________________________

________________________________________

5. ब्रह्मपुत्र नदी मुख्य रूप से किस क्षेत्र में बहती है?

________________________________________

________________________________________

________________________________________

6. वाक्य बनाइए–

क) भारत – ________________________________________________

ख) संरक्षण – ______________________________________________

www.ingramcontent.com/pod-product-compliance
Lightning Source LLC
LaVergne TN
LVHW090335210926
848480LV00004B/1415